SEJA
GRANDE

Judith H. Katz e
Frederick A. Miller

SEJA
GRANDE

Título original: *Be Big*
Copyright © 2008 por The Kaleel Jamison Consulting Group, Inc.
Copyright da tradução © 2012 por GMT Editores Ltda.
Publicado mediante acordo com Berrett-Koehler Publishers, San Francisco.
Todos os direitos reservados. Nenhuma parte deste livro pode ser utilizada ou reproduzida sob quaisquer meios existentes sem autorização por escrito dos editores.

tradução: Juliana Lemos
preparo de originais: Alice Dias e Beatriz Sarlo
revisão: Ana Grillo, Hermínia Totti, Milena Vargas e Rodrigo Rosa
projeto gráfico e diagramação: Ilustrarte Design e Produção Editorial
capa: Miriam Lerner
impressão e acabamento: RR Donnelley

CIP-BRASIL. CATALOGAÇÃO-NA-FONTE
SINDICATO NACIONAL DOS EDITORES DE LIVROS, RJ

K31s Katz, Judith H., 1950-
     Seja grande / Judith H. Katz, Frederick A. Miller [tradução de Juliana Lemos]; Rio de Janeiro: Sextante, 2012.
     96p.: 10,5 x 15 cm

     Tradução de: Be big
     ISBN 978-85-7542-743-9

     1. Autorrealização (Psicologia). 2. Sucesso - Aspectos psicológicos. I. Miller, Frederick A., 1946-. II. Título.

11-6811.
                                      CDD: 158.1
                                      CDU: 159.947

Todos os direitos reservados, no Brasil, por
GMT Editores Ltda.
Rua Voluntários da Pátria, 45 – Gr. 1.404 – Botafogo
22270-000 – Rio de Janeiro – RJ
Tel.: (21) 2538-4100 – Fax: (21) 2286-9244
E-mail: atendimento@esextante.com.br
www.sextante.com.br

*Com amor, para David, meu parceiro de vida,
que mantém sua fé em meu desejo de ser
GRANDE;
para Fred, que me ensinou o que realmente
significa ousar dar o melhor de nós juntos;
e para Corey, por seu apoio constante
a esse projeto e a tudo o que faço.*
JHK

*Com amor, para Pauline Kamen Miller,
Corey Jamison, Ava Albert Schnidman,
Carol Brantley, Edie Seashore, minha mãe,
"papai" Katz, Watson L. Williams, Kaleel,
e todos os clientes que me encorajam a ser
GRANDE.*
FAM

Sumário

Introdução
A necessidade de ser GRANDE — 9

Parte Um: EU — 17
CAPÍTULO 1 Sendo meu pequeno eu — 19
CAPÍTULO 2 Sendo meu GRANDE eu — 30

Parte Dois: VOCÊ — 39
CAPÍTULO 3 Vendo VOCÊ como alguém pequeno — 41
CAPÍTULO 4 Vendo VOCÊ como alguém GRANDE — 53

Parte Três: NÓS — 63
CAPÍTULO 5 Quando EU e VOCÊ nos tornamos pequenos — 65
CAPÍTULO 6 EU e VOCÊ: sendo GRANDES juntos — 77

Conclusão
Ousando dar o melhor de NÓS JUNTOS — 89

Introdução

A necessidade de ser GRANDE

"Eu desafio você a pensar GRANDE,
a agir GRANDE e a ser GRANDE.
Eu o desafio a pensar de maneira criativa,
a liderar e inspirar os outros.
Eu o desafio a forjar seu
caráter e a partilhar aquilo que tem.
Prometo uma vida mais rica
e excitante se você fizer isso."*

---

*Trecho de *I Dare You!*, de William H. Danforth (1870-1956).

É preciso se entregar de corpo e alma ao trabalho

A maioria das pessoas tem um segredo que prefere não revelar. Elas podem esconder algo realmente importante: seu verdadeiro eu.

Às vezes, escondem apenas uma parte. Às vezes, escondem o todo.

Quando não se mostram por inteiro, se diminuem.

No entanto, muitas pessoas guardam outro segredo ainda MAIOR: o forte desejo de serem GRANDES.

De darem o melhor de si todos os dias.

De não se esconderem nem se tornarem pequenas.

Ser GRANDE não tem nada a ver com ego ou fama. Nem com se exibir ou diminuir os outros.

Muitos querem ser GRANDES para dar sua opinião e agregar valor ao que fazem – e para permitir que seus colegas e parceiros façam o mesmo.

Ser GRANDE é uma atitude de vida que envolve aprendizado, crescimento pessoal e parcerias.

Algumas pessoas têm a sorte de ser GRANDES todos os dias, mas outras ainda não descobriram como fazer isso. Elas acham que precisam continuar escondidas atrás de seu pequeno eu.

Por quê?

Por que parece mais seguro ser pequeno?

Embora algumas pessoas se sintam pequenas por problemas de autoestima, certos estilos de gestão e certas culturas corporativas também contribuem para isso.

Em algumas empresas, pode ser perigoso ser GRANDE o suficiente para se destacar. Pode ser arriscado sair dos limites estabelecidos por você mesmo ou pelos outros.

Você pode ser criticado.

Pode ser marginalizado.

Pode ser demitido.

Assim, muitos tentam se manter fora do alcance do radar e se tornar invisíveis.

Querem passar despercebidos.

Querem se mesclar à paisagem e parecer inofensivos, não ameaçadores e pequenos.

Mantêm a cabeça baixa e encorajam os outros a fazer o mesmo.

E, para essas pessoas, a ideia de ser GRANDE é bastante assustadora.

Hoje em dia, a maioria das empresas trava uma luta pela sobrevivência e precisa do empenho de sua equipe. A inovação, a resolução de problemas e a produtividade estão relacionadas à capacidade de ser GRANDE. Cada pessoa precisa contribuir para causar um GRANDE impacto coletivo sobre a realização das metas da empresa.

Porém, quando as organizações precisam que os funcionários encarem os desafios, se arrisquem e ousem, muitos se escondem atrás de seu pequeno eu.

Às vezes as pessoas estão com os olhos vendados e não enxergam os outros exatamente como são.

Podem rotulá-los com base em suposições.

Podem bloquear a capacidade dos outros de mostrarem quem são.

Podem temer a GRANDEZA deles.

E, com isso, talvez não vejam o verdadeiro potencial dos outros.

Consequentemente, muitas empresas têm uma cultura de pequeneza, em que ser pequeno é algo normal e esperado. Uma visão em que ser pequeno parece mais seguro.

Mas ser pequeno não é, na verdade, a melhor opção para a empresa.

As empresas precisam que todos os seus colaboradores estejam dispostos a encarar desafios, se arriscar e ousar. Que estejam dispostos a

sonhar GRANDE

agir GRANDE

alcançar GRANDES *metas*

para que todos possam dar o melhor de si JUNTOS.

Se isso não acontecer, as empresas não serão capazes de alcançar seus objetivos. E logo ficarão pequenas – pequenas demais para existir.

Então, é preciso que as empresas criem condições para que todos sejam GRANDES.

E cada um precisa encontrar meios de ser GRANDE. E de ajudar os outros a ser GRANDES.

E o mais importante: todos nós precisamos encontrar maneiras de ser GRANDES *juntos*.

É preciso ousar para ser GRANDE.

É preciso ter vontade de encarar os desafios e tentar alcançar metas maiores.

É preciso ter vontade de sair da zona de conforto e tentar coisas novas e ousadas.

Muitos de nós aprenderam a se esconder atrás de seu pequeno eu. Agora precisam aprender a ser GRANDES.

O benefício não será apenas das empresas. Nós também sairemos ganhando. Teremos uma vida mais plena e realizaremos GRANDES sonhos. Tanto individual quanto coletivamente.

Este livro mostra que cada um de nós deve estar disposto a ser GRANDE e ver os outros como GRANDES. E ensina como encontrar novas maneiras de fazer parcerias para que possamos ser GRANDES *juntos*.

PARTE UM

EU

A vida nos ensinou a ser pequenos, ou seja, a:
- não ter sonhos ambiciosos demais;
- não agir de maneira ousada demais;
- não aspirar a coisas demais;
- não nos destacarmos demais.

Mas, ainda assim, nós queremos ser GRANDES. Desejamos:
- agregar valor;
- mostrar quem somos;
- nos dedicar de corpo e alma;
- encarar novos desafios;
- nos arriscar e tentar coisas novas;
- ser ousados e expressar nossas opiniões.

O capítulo 1 trata dos caminhos que nos levam a agir de maneira pequena e das mensagens que dizemos a nós mesmos que nos impedem de crescer.

capítulo 1

Sendo meu pequeno eu

Às vezes nem eu mesmo me dou conta de que estou sendo meu pequeno eu.

Às vezes fico pequeno para me sentir confortável.

Às vezes continuo pequeno porque acho que os outros irão gostar mais de mim ou me aceitarão melhor.

Eu me torno pequeno de diversas maneiras:
- Não me exponho.
- Não encaro novos desafios.
- Não falo o que penso.
- Não partilho minhas ideias.
- Não ocupo muito espaço.

Aqui estão alguns exemplos de como eu evito crescer.

Não saio da minha zona de conforto

As coisas estão bem do jeito que estão

- Eu me acostumei a uma rotina legal.
- Sei o que esperam de mim e faço exatamente o que esperam.
- Sou visto como competente naquilo que faço, e isso já basta.
- Dá para ir levando a vida como ela é. Por que deveria me arriscar?

Melhor prevenir do que remediar

- Já aprendi o suficiente para saber como evitar riscos. Arriscar-me pode ser perigoso.
- Prefiro fazer as coisas da forma que já conheço a tentar caminhos diferentes.
- As pessoas raramente notam as coisas que faço direito, mas sempre percebem aquilo que não faço bem e nunca esquecem meus erros. Eu evito ser notado.

Conheço meus limites

- Esta é uma empresa GRANDE, e uma pessoa sozinha não vai conseguir mudar nada.
- Ideias e sugestões só são valorizadas na empresa a partir de níveis hierárquicos mais altos que o meu.
- Eu não sei tudo e às vezes estou errado.

Não quero ser pioneiro em nada

- A maioria dos pioneiros morreu em lugares desertos.
- Então por que eu deveria me arriscar?
- Vou deixar que outra pessoa tome a iniciativa.
- Os outros não estão se prontificando a ajudar. Por que eu deveria?

Não sou nenhum herói

- Claro, há injustiças e algumas coisas poderiam ser melhores, mas isso não é da minha conta, não faz parte do meu trabalho.
- Não foi para isso que entrei aqui.

Tento não ser visto

*Não chamo a
atenção*

- Se tomo cuidado, consigo chegar à minha mesa sem que ninguém me veja.
- Consigo evitar conversas e confrontos.
- Nas reuniões, eu me limito a tomar notas. Só falo o que penso depois que a reunião acabou e apenas para algumas pessoas em quem confio.

Não ocupo muito espaço

- Fico perto das paredes quando estou no elevador ou caminhando pelo corredor.
- Tento não ficar no caminho de ninguém.
- Fico de cabeça baixa para não ser notado.

Não me destaco

- Se eu me parecer com as pessoas à minha volta, não serei o único alvo de críticas.

- Assim, se algo der errado, poderão colocar a culpa em todos nós, e não apenas em mim.

Não crio problemas

- Não faço perguntas.
- Não reclamo.
- Não tomo a iniciativa.
- Não aponto problemas.
- Não trago más notícias.
- Não atrapalho o andamento das coisas.

Evito os outros

- Quando passo pelas pessoas nos corredores, não faço contato visual.
- Se eu não olhar para os outros, talvez eles também não olhem para mim.
- Se não quero que os outros se incomodem comigo, fico longe deles.

Eu silencio a minha voz

Guardo minhas ideias
para mim mesmo

- Ninguém quer realmente saber o que eu penso.
- Se os outros não ouvirem minhas ideias, não poderão criticá-las ou julgá-las.
- As ideias de funcionários como eu não são valorizadas.
- Falei o que pensava uma vez, há uns dois anos, e acabei me dando mal.

Prefiro falar o mínimo possível

- Quando é preciso opinar, deixo as outras pessoas falarem. Desse modo, não chamo a atenção dos chefões nem corro o risco de desagradar meus colegas.
- Se eu me manifestar, os outros podem pensar que estou tentando diminuí-los.

Os outros podem não me achar inteligente

- Fico pensando no que poderia acontecer se todo mundo parasse para me ouvir e eu ficasse tão nervoso a ponto de só conseguir dizer: "Ah... hum... Desculpem, o que eu quero dizer é que... bem... é melhor deixar pra lá."
- Fico com medo de que minhas ideias pareçam idiotas.

Alguém já deve ter dito isso

- Não preciso dizer nada. Tudo já foi dito.
- Deixo que os outros apresentem meu ponto de vista.

Eu não tenho importância:
então, por que tentar?

Sou um peixe pequeno num lago GRANDE

- O que tenho a acrescentar não vai fazer diferença alguma no final das contas.
- Ninguém ouve o que as pessoas no meu cargo (ou no meu departamento, ou no meu nível hierárquico) têm a dizer.

Ninguém valoriza o que eu digo

- Contanto que eu faça meu trabalho e não atrapalhe, os outros vão me deixar em paz.
- Não é minha função dar sugestões e, por mim, tudo bem.

Não sou bom o suficiente

- Muitas pessoas aqui parecem bem mais seguras do que eu.
- É como se elas soubessem de coisas que eu não sei.

Não tenho certeza se me encaixo aqui

- Pareço diferente demais das pessoas com quem trabalho.
- Não tenho certeza se este é o lugar certo para mim.
- Poucas pessoas se interessam por minhas ideias ou parecem desejar meu sucesso.
- Eu me sinto muito só. Por que deveria tentar me aproximar dos outros?

É aqui que tudo começa.

capítulo 2

Sendo meu GRANDE eu

O capítulo 2 está cheio de dicas para encarar desafios, se arriscar e ser ousado. São posturas simples e diretas que todos podem adotar.

Ao adotá-las, cada um de nós será GRANDE. Mas há consequências. Cada um de nós ocupará mais espaço, terá mais impacto e será mais notado.

Ser GRANDE exige que cada um de nós ouse – que desafie o modo como sempre fez as coisas. E que passe a ser visto de uma nova maneira.

Para ser GRANDE, preciso prometer a mim mesmo que serei corajoso. Que terei a ousadia de

> sonhar GRANDE
> pensar GRANDE
> mostrar que sou GRANDE

para que eu possa dar o melhor de mim.

Se quero ser GRANDE, vou me mostrar por inteiro

Estou disposto a ser visto

- Preciso abrir mão de ser invisível e anônimo.
- Preciso deixar que as outras pessoas me vejam.
- Preciso acreditar que posso dar boas contribuições.

Exponho minhas opiniões, minhas ideias e meus pensamentos

- Desejo ser ouvido.
- Valorizo o que tenho a dizer e espero que os outros também valorizem.
- Estou disposto a dar a minha contribuição única, o meu ponto de vista – resultante da minha formação e da minha experiência de vida. Quero encaixar a minha peça para ajudar a montar o quebra-cabeça.

*Assumo a autoria das minhas
palavras e dos meus atos*

- Você não precisa concordar comigo nem mesmo pensar que as minhas ideias irão funcionar.
- Partilho minhas ideias para dar uma perspectiva diferente.
- E se a minha ideia apresenta um novo ponto de vista que leva a uma solução melhor, fico orgulhoso por ter dado uma boa contribuição.

*Sou uma pessoa com defeitos
e qualidades*

- Não preciso ser perfeito para dar boas contribuições.
- Tenho habilidades que são úteis.
- Minha energia é uma fonte constantemente renovável.
- Talvez eu possa levantar questões que ninguém mais pode.

Não tenho medo de dizer o que quero

- Meus desejos e necessidades são legítimos.
- As pessoas não têm como adivinhar meus pensamentos.
- Talvez não seja possível conseguir tudo o que quero, mas falar sobre meus anseios e necessidades torna mais possível obtê-los do que esperar que os outros adivinhem.

Vou encarar desafios, me arriscar e ousar

Estou disposto a ser eu mesmo

- Ser eu mesmo é a coisa mais natural do mundo.
- É preciso energia extra para ser qualquer coisa que não eu mesmo. Prefiro investir essa energia para me tornar GRANDE.

Vou sair da minha zona de conforto

- O conforto pode ser sinal de que não estou tentando o máximo que posso.
- Se me sinto confortável, não estou de fato determinado a aprender e crescer.

Estou preparado para enfrentar riscos

- Não vou agir de maneira louca ou imprudente.
- Mas assumirei os riscos decorrentes de falar o que penso e ser GRANDE.

- Não terei medo de fazer coisas estranhas, ser menos que perfeito ou parecer idiota.

Defenderei aquilo em que acredito

- Dou permissão a mim mesmo para decidir sozinho quais são minhas crenças.
- Encontrarei coragem para partilhar com você minhas crenças mais profundas.

Eu me perdoo por não ser tão GRANDE hoje quanto serei amanhã

- Não serei perfeito na minha primeira tentativa de ser GRANDE.
- Faz parte do processo de ser humano saber que a perfeição não existe – mas estou fazendo o meu melhor, tentando me aprimorar e buscando a excelência.

Sei que, ao me expor mais, passo a ser um alvo mais fácil de críticas.

- Vou me identificar com quem me encoraja a ser GRANDE e me cercar de quem me apoia, mas provavelmente haverá pessoas que não querem que eu seja GRANDE. Faz parte da vida.
- Se quero ser GRANDE, tenho que aguentar as críticas.
- Se as coisas não funcionarem, saberei que fiz a minha parte e poderei ter orgulho de mim mesmo.

Estou disposto a crescer e ser GRANDE

Vou sonhar GRANDE

- Eu me permito não ficar preso aos limites que eu mesmo ou os outros me impuseram.
- Hoje eu me desafio a ter GRANDES ideias e GRANDES pensamentos.
- Estou aberto a partilhar meus pensamentos com outras pessoas, mesmo que elas possam achar que sou louco ou idiota.

Vou pensar GRANDE

- Hoje me desafio a me mostrar por inteiro aonde quer que eu vá e a ser meu GRANDE eu.
- Não vou me fazer de pequeno só para que os outros se sintam confortáveis.

*Vou tentar alcançar
GRANDES metas*

- Vou estabelecer padrões elevados. Ninguém, além de mim mesmo, pode me limitar.
- Sei que sou capaz de fazer mais e estou me esforçando para chegar o mais alto que posso. Só depende de mim.
- Quanto melhor eu me sentir em relação a mim mesmo, mais capaz serei de ir a qualquer lugar, de fazer qualquer coisa.

*Serei GRANDE e farei
o melhor que puder*

- Estou me esforçando para alcançar a excelência.
- Hoje me desafio a estabelecer padrões mais altos e a trabalhar para alcançá-los.

PARTE DOIS

VOCÊ

Muitas pessoas estão cientes de como são diminuídas pelos outros, pelas circunstâncias, por suas histórias pessoais ou pelo "sistema".

Algumas sabem que elas mesmas vêm diminuindo a si mesmas.

Mas poucas estão atentas ao modo como suas atitudes e suposições podem limitar ou diminuir os outros.

Não se trata apenas de ser capaz de enxergar o potencial dos outros para serem GRANDES, e sim de não deixar que a nossa pequenez nos impeça de ver a incontestável GRANDEZA deles.

Eu, assim como cada um de nós, preciso ser ousado o suficiente para tirar a venda dos olhos.

Para confiar em quem VOCÊ é hoje e em quem VOCÊ pode ser amanhã.

Para ver o melhor em VOCÊ.

Para enxergar o GRANDE VOCÊ.

O capítulo 3 aborda as diversas maneiras como nós, intencionalmente ou não, diminuímos aqueles que estão ao nosso redor.

capítulo 3

Vendo VOCÊ como alguém pequeno

Poucas pessoas gostam de admitir que diminuem as outras e, ainda assim, são incapazes de ver que isso as impede de vê-las como GRANDES.

Minhas suposições, meus julgamentos e minha ignorância não me deixam enxergar a pessoa que VOCÊ realmente é.

Minhas crenças e expectativas mantêm VOCÊ dentro de limites que o tornam pequeno.

Eu nem mesmo percebo que não estou enxergando quem VOCÊ é e aquilo que é importante para VOCÊ.

E isso não me permite entender o que VOCÊ está dizendo ou compreender o que VOCÊ está sentindo.

A seguir, vou mostrar de que maneira eu mantenho VOCÊ pequeno e não vejo quem VOCÊ é ou quem pode se tornar.

Eu imponho limites a VOCÊ

Eu já sei como você é

- Sei julgar o caráter das pessoas.
- Posso saber tudo o que preciso sobre você a partir da sua aparência, da forma como você se veste e da maneira como você anda.
- Eu já sei o que você irá dizer e fazer. Não preciso me dar o trabalho de perguntar.

Eu sei quem você é

- O nome do seu cargo na empresa já me diz tudo.
- Todas as pessoas que exercem essa função agem da mesma maneira.

Eu conheço suas limitações

- Sei que você é bom em algumas coisas, mas outras simplesmente estão além das suas capacidades.

Sei o que esperar de você

- Fico satisfeito quando você faz as coisas da mesma maneira de sempre.
- Gosto que você mantenha as rotinas já estabelecidas.
- Eu me sinto mais seguro quando você faz apenas o seu papel.
- Não gosto de surpresas.

Não preciso conhecer você melhor

- Estamos em um local de trabalho, não em um clube.
- Conhecer as pessoas requer muito esforço e eu não tenho tempo para isso.

Eu deixo VOCÊ invisível

Não presto atenção em você

- Não tenho tempo para lhe dar atenção.
- Envolver-me com você exigiria muito esforço da minha parte, e eu já tenho coisas demais para fazer.
- Depois que estabelecemos nossos papéis, não preciso mais me incomodar com você.

☙

Eu não ouço o que você tem a dizer

- Acredito que já sei o que você irá dizer antes mesmo que diga.
- Não ouço você fazer comentários relevantes com muita frequência.
- De qualquer modo, não me esforço muito para entender o que você está querendo dizer.
- Temos maneiras diferentes de ver o mundo.
- Quando você parece GRANDE, eu me sinto pequeno, então prefiro evitar dar-lhe a chance de crescer.

Eu não noto você

- Quando olho ao redor, procuro pessoas que tenham algo a oferecer, mas você não se destaca.
- Como você raramente encara novos desafios, é fácil não notá-lo.
- Não sinto que você faz parte da minha equipe.
- E não acho que você possa contribuir para o meu futuro.

Eu ignoro você

- Não lhe dou espaço para expressar opiniões ou partilhar pensamentos.
- Não lhe dou crédito pelas suas ideias.

Não quero me preocupar com você

- Não vou deixar que você tenha importância para mim.

- Minha vida não tem espaço para você.
- O que acontece com você não me afeta.
- Não ligo a mínima para os seus problemas.

Não reparo nas suas habilidades

*Não acho que seus talentos e
suas habilidades sejam especiais*

- Não vejo nada de extraordinário em você.
- Para falar a verdade, acredito que qualquer pessoa pode fazer o que você faz.
- Não me importa como você executa o seu trabalho, desde que o faça direito.

*Não acho que você tenha
algo a acrescentar*

- As suas contribuições não são significativas para mim.
- Muitas pessoas poderiam fazer seu trabalho tão bem quanto você. Eu provavelmente faria melhor.
- Não vejo como a sua colaboração possa acrescentar algo.

Não me interesso pelo que você já fez

- Não conheço suas experiências anteriores e, de qualquer maneira, elas devem ser irrelevantes.
- Não quero saber do seu passado. A única coisa que importa é o que você faz agora.

Não vejo o seu potencial

- Você vive me dizendo que pode contribuir mais, porém eu não vejo as coisas assim.
- Às vezes é melhor se ater àquilo que você já sabe do que se aventurar em algo novo.

Só enxergo os seus defeitos

- Coloco uma lente de aumento sobre seus erros e critico você por causa deles.
- Você fala dos seus pontos fortes, mas eu só consigo enxergar suas fraquezas.
- Estou apenas sendo honesto.

Não respeito a sua singularidade

Você é muito diferente de mim

- Suas ideias e atitudes são muito diferentes das minhas.
- Isso me deixa desconfortável.
- Eu me sinto pisando em ovos quando você está por perto.
- Tudo parece mais difícil se estou ao seu lado.

Não entendo você

- Não compreendo as suas ideias e o seu jeito de ver o mundo.
- Não enxergo nenhum valor nessa maneira de pensar.
- Você tem pontos de vista opostos aos meus. Como sei que os meus estão certos, provavelmente os seus estão errados.

Não confio em você

- Pessoas como você me deixam nervoso.
- Não confio nas suas habilidades ou motivações.
- Raramente concordamos sobre a melhor maneira de fazer alguma coisa.
- Já tive experiências ruins com pessoas parecidas com você.

Não concordo com você

- O meu jeito de fazer as coisas sempre funciona.
- Então, aqui na empresa, as coisas são feitas do meu jeito.
- E não do seu.

Não gosto do seu estilo

- O seu tom de voz, o seu ponto de vista e o seu linguajar me irritam.
- O modo como você entra na sala me incomoda.

- Você precisa ser mais discreto.
- Você não parece se encaixar muito bem aqui.
- Você é muito agressivo, exigente e diferente.

O capítulo 4 mostra como
aprender a enxergar a
GRANDEZA dos outros
e ajudar nossos colegas e parceiros
a ser GRANDES,
a encarar desafios,
a arriscar-se e a ousar.

capítulo 4

Vendo VOCÊ como alguém GRANDE

Se ajudarmos as pessoas ao nosso redor a serem GRANDES e as apoiarmos, de forma que possam dar o melhor de si, ficaremos rodeados de GIGANTES.

E isso será muito bom.

Vou tirar a venda dos olhos

*Vou questionar as opiniões
que tenho sobre você*

- Para ser honesto, ninguém se encaixa nas minhas suposições e generalizações, certo?
- Tentarei me livrar dos preconceitos que me impedem de vê-lo como você realmente é.
- Além de você não ser igual aos outros, *eles também não são iguais a você*.
- Todos nós somos únicos.

*Não vou tentar encaixá-lo na ideia
que faço de você*

- Acho que você pode dar o melhor de si e acredito que irá me ajudar a dar o melhor de mim.
- Vou me esforçar para aceitar e apoiar você exatamente como você é.
- Quero que você me avise quando eu estiver tentando enquadrá-lo em alguma ideia preconcebida.

*Vou sempre tentar compreender
seu ponto de vista*

- Sei que nem sempre conseguirei ver o mundo do seu ponto de vista, mas esse é o meu objetivo.
- Quando você apresentar suas ideias, prestarei atenção tanto no contexto quanto nas palavras. Depois repetirei o que entendi para checar se realmente compreendi o que você quis dizer, e só então apresentarei minhas próprias ideias.

Verei você por inteiro

- Você tem pensamentos, emoções e experiências únicas, além de uma série de talentos que são diferentes dos meus.
- Existem coisas que você faz bem e outras que não faz bem – e isso está sempre mudando.
- Da mesma forma, existem áreas nas quais você está crescendo e áreas nas quais ainda precisa se desenvolver.

- Sei que você é um ser humano em constante aprendizado.

*Sei que sempre há coisas
a serem reveladas*

- Por mais que eu aprenda a seu respeito, reconheço que sempre existem coisas a serem descobertas e que você está em constante transformação.
- Conhecê-lo é um processo contínuo, não um evento já terminado.

Eu me envolvo com você

*Sempre farei questão
de cumprimentá-lo*

- Quando vir você, me esforçarei para fazer contato visual, cumprimentá-lo ou perguntar como vai a vida (com interesse verdadeiro) de uma maneira que seja apropriada à ocasião, ao local e ao estilo do nosso relacionamento.
- Preciso gastar um pouco de tempo (embora não tanto quanto eu imaginava) para começar a me conectar com você, mas acho que vale a pena.

*Eu me interesso pela sua vida e
pelo que importa para você*

- Gosto de aprender com você e ouvir o que tem a dizer. Para mim, é como descobrir uma nova maneira de ver o mundo.

Eu me abro com você

- Quero que você entenda minha forma de pensar e conheça as coisas que são importantes para mim.
- Aprecio o fato de você estar disposto a ouvir as minhas histórias.

Vou apoiá-lo sempre que puder

- Todo mundo precisa de um pouco de apoio de vez em quando.
- Quero que você saiba que pode contar comigo. Sempre que puder, vou ajudá-lo.
- Vou ajudar você a ser GRANDE.

Eu vejo os seus pontos positivos

Encaro você como meu aliado

- Quando você partilha suas ideias comigo, parto do pressuposto de que elas têm valor.
- Procuro identificar os detalhes mais relevantes de suas sugestões.
- Sempre reflito e acrescento ideias às suas contribuições em vez de subestimá-las ou tentar derrubá-las.

Eu noto as contribuições que você traz

- Você tem muito a oferecer.
- Você realmente faz a diferença, e eu reconheço o seu valor.
- O seu esforço é percebido e serve de exemplo para outras pessoas.

Eu sei que você tem um GRANDE potencial

- Suas habilidades e sua experiência agregam valor ao trabalho, e eu reconheço que você tem capacidade de fazer ainda mais.
- Não há limites para o que você poderá realizar se tiver mais apoio e incentivo da minha parte.

Vou apoiá-lo para que você dê o melhor de si

Eu apoio você

- A minha função é criar um ambiente seguro para que você possa dar o melhor de si.
- Estou sempre ao seu lado e faço o possível para que os outros também estejam.
- Confio em você e no seu potencial.

Conheço seus sonhos e ajudo você a conquistá-los

- Sei que você tem sonhos que ainda não foram realizados. Eu sempre o incentivo a dividi-los comigo e a me dizer como posso ajudar a concretizá-los.
- Vou apoiá-lo para que você encare novos desafios e seja ousado para alcançar seus objetivos.

Ajudarei você a chegar às estrelas

- Vou estar ao seu lado durante todo o percurso.
- Vejo claramente todo o seu potencial – talvez até mais do que você mesmo.
- Estou torcendo por você.
- Você não precisa ser GRANDE sozinho.

PARTE TRÊS

NÓS

Para mim, é um desafio ser GRANDE. E é ainda mais difícil enxergar a GRANDEZA dos outros.

No entanto, o maior desafio de todos é ousar sermos GRANDES juntos.

Nós nos mantemos pequenos de diversas maneiras:

- Não conseguimos nos conectar com os outros, não encaramos desafios comuns, não assumimos riscos conjuntos nem ousamos juntos.
- Mas se nos esforçarmos o suficiente para criar um NÓS, seremos capazes de dar o nosso melhor, alcançando resultados mais incríveis do que jamais conseguiríamos sozinhos.

O capítulo 5 aborda os hábitos que nos impedem de trabalhar juntos e mostra como podemos criar uma parceria de sucesso.

capítulo 5

Quando EU e VOCÊ nos tornamos pequenos

Se eu me diminuo, impeço uma GRANDE conexão entre nós dois.

Se eu diminuo você, também me privo de criar esse vínculo.

Mas mesmo que eu me exponha totalmente e veja quem de fato você é, inúmeras pressões nos impedem de ser GRANDES juntos.

A seguir estão algumas das atitudes e mentalidades que fazem com que eu continue sendo apenas EU e nos impedem de nos tornarmos NÓS.

Posso fazer tudo sozinho

*Não gosto que ninguém se intrometa
no meu trabalho*

- Trabalho duro para fazer as coisas darem certo e me aborreço quando outras pessoas propõem mudanças sem nenhum motivo razoável.
- Elas só querem dar opinião para aparecer.
- Por que não deixam em paz o que já está bom?

*Quanto mais pessoas envolvidas,
mais tempo leva o serviço*

- Gasto muito tempo para tomar uma decisão simples quando preciso consultar outras pessoas.
- É bem mais rápido e prático fazer tudo sozinho.

*Não preciso que você avalie
meu desempenho*

- Posso fazer meu trabalho sem a ajuda de ninguém.

- Eu sei o que estou fazendo.
- Sou capaz de aprender sozinho.
- Não preciso que outras pessoas me digam o que fazer.

༺

Um único elo frágil enfraquece a corrente
- Não quero nenhum elo fraco trabalhando comigo.
- Sei quem são as pessoas com quem me sinto confortável.
- Não quero passar pelo estresse de ter um membro novo na equipe.

༺

Não sei criar uma equipe
- Não me sinto confortável trabalhando com outras pessoas.
- Detesto pensar coletivamente.
- Não gosto de dividir o crédito das minhas conquistas.
- As coisas seriam muito mais fáceis se os outros simplesmente me seguissem.

Sei o que estou fazendo

- Eu conheço o serviço. Conheço esta empresa como a palma da minha mão. Sei o que funcionou no passado.
- Cheguei até aqui sem a ajuda de ninguém. Por que deveria precisar de você agora?

Eu protejo minha posição

Retenho informações só para mim

- Conhecimento é poder. Se eu dividir informações sobre as estratégias e as decisões da empresa e contar como faço meu trabalho, deixarei de ser necessário.
- Só irei dividir as informações quando for realmente imprescindível ou quando receber algo em troca.

Por que eu deveria ajudar os outros?

- Ninguém jamais fez nada por mim.
- Se eu ajudar os outros a serem bem-sucedidos, deixarei de alcançar o meu sucesso.
- Se outra pessoa me atrapalhar, seremos duas a fracassar.
- Quando apoiamos os outros, permitimos que pessoas mal preparadas alcancem seus objetivos. Prefiro ficar sozinho e alcançar minhas próprias metas.

*Não gosto de fornecer
informações pessoais*

- Não quero dar poder às outras pessoas.
- Não me sinto seguro para partilhar informações a meu respeito.
- Se eu contar alguma coisa pessoal, poderão usar o que eu disse contra mim.

*Não vou desperdiçar minha
energia ajudando os outros*

- Já é difícil o suficiente conseguir os recursos de que preciso. Não posso gastar minha energia lutando pelos outros. Além disso, estamos brigando pelas mesmas coisas.
- Quando os outros parecem melhores, eu pareço pior.

Acredito na hierarquia

- Se não tenho que submeter meu trabalho a você, então não preciso ouvir o que tem a dizer.
- E se o seu trabalho depende da minha apreciação, por favor, não fale comigo até que eu esteja pronto para ouvi-lo.
- Se você trabalha em outro departamento ou está no mesmo nível hierárquico que eu, você não pode me dar ordens e eu não quero ouvir suas opiniões.
- Estabelecer papéis claros e bem definidos é fundamental.

Não confio nos outros

*Quanto mais controle eu tenho,
mais confortável me sinto*

- Não gosto quando é preciso ter muitas peças para fazer a máquina funcionar.
- Quando eu mesmo cuido de tudo, sei onde as coisas estão e prevejo se algo vai acontecer. Não há conflito nem surpresa.
- Se eu ficar no controle, os outros terão de vir a mim para fazer pedidos ou solicitar informações.

*Não tenho tempo para dar
chance aos outros*

- Se não estivéssemos o tempo todo sob pressão, talvez eu pudesse deixar que algumas pessoas atuassem. Mas não temos tempo para isso.
- E, de qualquer maneira, demora muito até que as pessoas peguem o meu ritmo de trabalho.

É arriscado

- Se eu fizer as coisas da maneira dos outros, não tenho como saber o que vai acontecer.

―

O que eu ganho com isso?

- Se eu unir minhas forças a outras pessoas e fracassarmos, vou ficar numa situação ruim, como se eu não tivesse capacidade de liderar. Mas, se der certo, elas parecerão mais competentes e levarão todo o crédito.
- Não quero dividir minhas conquistas com ninguém. Isso poderia limitar as minhas oportunidades.

―

Trabalhar em equipe é impossível

- Sempre que tento montar uma equipe, não consigo confiar que as pessoas vão se esforçar o bastante.
- Se eu tiver um fracassado na minha equipe, eu fracassarei.

Não tento me conectar

Não quero dar o primeiro passo

- Ser rejeitado é horrível. Tenho medo de parecer idiota.
- Sou tímido e não me sinto confortável para tomar a iniciativa.

☙

Prefiro ficar distante

- Não estou interessado em fazer amigos no meu local de trabalho.
- Eu venho aqui para trabalhar e não para ficar de bate-papo.
- Não tenho vontade de saber dos problemas alheios.
- Tenho minha própria vida e meus próprios amigos fora daqui.

☙

Não me sinto seguro para baixar a guarda

- Não falo sobre as minhas preocupações.

- Não gosto que os outros vejam minhas fraquezas.
- Não quero ter uma equipe para me julgar ou depender de mim.

Sempre trabalhei sozinho

- Sei como alcançar o sucesso por minha própria conta.
- Não quero ajuda.
- Tenho medo de não conseguir trabalhar ao lado de outras pessoas.

Não preciso de ninguém

- Sempre ouvi dizer que só os fracassados necessitam do apoio dos outros.
- E, para falar a verdade, acho que nem sei como pedir ajuda.

O capítulo 6 revela de que maneira
podemos combinar nossos
pensamentos, habilidades e energia
para realizar
coisas GRANDES.

capítulo 6

EU e VOCÊ:
sendo GRANDES juntos

Agora estamos entrando num território desconhecido.

É a terra do NÓS – um lugar onde todos têm potencial para ser GIGANTES.

Na terra do NÓS, aprendemos a reconhecer que precisamos uns dos outros para dar o nosso melhor e ser GRANDES juntos.

Aqui está o que podemos fazer para chegar lá.

NÓS precisamos dos outros

Precisamos unir nossos talentos

- Não vou continuar a fingir que sou o melhor em tudo. Não tenho tantas habilidades assim.
- Não consigo fazer tudo sozinho.
- Preciso de outras pessoas cujas competências, experiências e perspectivas complementem as minhas.

~

Precisamos jogar no mesmo time

- Se pretendemos ter sucesso a longo prazo, devemos estar dispostos a encarar desafios, a nos arriscar juntos e a crescer continuamente.
- Nossa parceria só dará certo se todos estivermos envolvidos e se não deixarmos que alguém carregue um fardo maior que os outros.

~

Precisamos de mais olhos

- Só consigo olhar para uma direção de cada vez.

- Só posso ver através de minhas próprias lentes.
- Para ter uma visão completa, de 360 graus, preciso me unir a pessoas que olhem em direções diferentes e vejam as coisas de maneira distinta da minha.

⁓

Duas cabeças pensam melhor que uma

- As pessoas muito diferentes de mim às vezes têm ideias que eu jamais teria. Essas ideias abrem novos horizontes.
- Então minhas novas ideias dão a elas outras novas ideias.
- E logo estaremos numa terra de GIGANTES, um lugar aonde nenhum de nós conseguiria chegar sozinho.

NÓS estamos abertos a novas ideias e dispostos a nos envolver

Estamos prontos para estabelecer uma relação de confiança

- Acreditamos na palavra do outro.
- Sabemos que vamos nos tornar melhores trabalhando juntos.
- Nós nos comportamos como se já fôssemos parceiros.

Aceitamos e compreendemos o ponto de vista do outro

- Cada um de nós tem uma maneira de ver o mundo que pode ajudar o outro a aprender e crescer.

Estamos sempre buscando parceiros

- Precisamos de novas mentes que nos permitam crescer.

- E sempre procuramos outras pessoas para agregar valor à nossa equipe.
- Cada novo ponto de vista acrescenta algo às nossas capacidades, ao nosso potencial e ao nosso objetivo de ser GRANDES.

⁓

*Estamos numa jornada
de descoberta*

- Entrar em sintonia com a equipe é um processo de aprendizado que resulta em crescimento para todos os envolvidos.
- Estamos dispostos a identificar os talentos uns dos outros e a descobrir o que precisamos fazer para realizar um bom trabalho juntos.
- Nós ouvimos o que o outro tem a dizer e aprendemos com ele.

Todos NÓS precisamos crescer

O seu crescimento não impede o meu

- Há espaço bastante para todos nós crescermos.
- Se você se torna GRANDE, isso não torna nenhum de nós menor.
- Na verdade, quanto MAIOR você fica, mais fácil será para um de nós se tornar GRANDE também.

Nós cuidamos uns dos outros

- Quando acharmos que não estamos fazendo o melhor trabalho que podemos ou que não estamos sendo a pessoa que queremos ser, diremos isso aos nossos parceiros.
- Sempre iremos apoiar uns aos outros de modo que todos se sintam seguros para continuar a aprender e crescer.

Iremos segurar a barra juntos

- Seremos companheiros nos bons e maus momentos.
- Atravessar fases difíceis faz parte da parceria e do aprendizado.

Nem sempre concordaremos

- Se concordarmos em tudo, nunca aprenderemos nada de novo.
- A maior contribuição da parceria é trazer ideias diferentes. Se todos pensassem da mesma forma, ninguém aprenderia nada.
- A nossa parceria é uma experiência de aprendizado, e nós iremos crescer por meio das nossas diferenças e discordâncias.
- Na verdade, se não discordamos, talvez não estejamos sendo nós mesmos.

*Nós nos comprometemos a fazer
a parceria funcionar*

- Podemos até duvidar de que nossa parceria vá dar certo, mas eu vou fazer a minha parte e o ajudarei a fazer a sua.
- Isso não pode ser uma via de mão única.
- O sucesso depende do nosso comprometimento em crescermos juntos.

NÓS nos tornaremos parceiros

*Daremos a nós mesmos tempo
para construir um NÓS*

- Estamos comprometidos em construir a parceria e isso significa que desejamos aprender mais sobre o outro.
- Não nos tornaremos NÓS só porque dizemos que somos parceiros.
- Investiremos o tempo e a energia necessários para criar o NÓS que queremos ser.

Iremos ser quem realmente somos

- Cada um de nós assume a responsabilidade de revelar seu verdadeiro eu, não apenas para fazer o trabalho direito, mas também para crescer e se tornar um parceiro melhor.
- Criaremos um ambiente seguro para que possamos dialogar e discutir ideias.

Tiraremos a venda dos olhos

- Todos nós fazemos suposições e julgamentos.
- Nossa mente está repleta de estereótipos.
- Assim, cada um de nós precisa estar disposto a rejeitar suas ideias preconcebidas e retirar a venda dos olhos, de modo que possamos criar algo GRANDE juntos.

NÓS nos esforçaremos para fazer o nosso melhor JUNTOS

Teremos GRANDES sonhos juntos

- Todos nós temos sonhos e estamos dispostos a criar um sonho coletivo que seja MAIOR do que nossas aspirações individuais.

Iremos agir como NÓS

- Vamos aplicar toda a nossa energia e paixão na criação do NÓS.
- Aprenderemos juntos, dividiremos nossas opiniões e firmaremos compromissos.
- Quando tomarmos uma decisão, agiremos como um só e defenderemos a decisão que tomamos em conjunto.

Iremos desafiar nós mesmos a crescer

- Estabeleceremos metas e assumiremos projetos que nos desafiem a ser GRANDES.

- Sabemos que a soma de nossa sabedoria e talento irá nos ajudar a ir além das nossas capacidades individuais.

Definiremos o nosso sucesso com base em nossos esforços coletivos

- O céu é o limite para a nossa parceria.
- Faremos o que for necessário para alcançar nossas metas, sem nos preocuparmos se o nosso destino é longe demais, alto demais ou GRANDE demais.
- Estamos comprometidos a dar o nosso melhor juntos.
- Sabemos que quando obtivermos o sucesso com base na união da nossa energia e no nosso trabalho coletivo, todos nós seremos vitoriosos.

Conclusão

Ousando dar o melhor de NÓS JUNTOS

Se eu me mostrar como realmente sou,
se eu encarar desafios, me arriscar e ousar,
se eu tirar a venda dos olhos e enxergá-lo de verdade
e se você fizer o mesmo,
NÓS podemos dar o melhor de nós
e ser GRANDES – MAIORES do que qualquer
pessoa conseguiria imaginar.

E isso começa comigo. Começa quando eu ouso acreditar que faço diferença no mundo. Quando saio da minha zona de conforto e tenho coragem de encarar desafios e me arriscar. Quando estou disposto a me mostrar como realmente sou, fazer o que estiver ao meu alcance e ser o meu GRANDE eu, para que **possa dar o melhor de mim**.

Mas isso não é suficiente.

Então eu devo ter coragem de enxergar VOCÊ. Devo tirar a venda dos olhos para me aproximar e me envolver com VOCÊ. Devo apoiá-lo em sua jornada como indivíduo, para que VOCÊ possa ser seu GRANDE eu e **dar o melhor de si**.

Mas isso ainda não é o bastante.

Porque isso apenas cria a possibilidade de um NÓS.

EU e VOCÊ precisamos ser ousados para enxergar o outro como GRANDE e criar uma parceria, de modo que possamos **dar o melhor de NÓS**.

Então, como começamos?

Encare:

- O desafio de ser GRANDE.
- Novas responsabilidades.
- As oportunidades de crescimento e parceria.

Arrisque-se e saia:

- Das velhas rotinas.
- Do seu pequeno eu e do hábito de ver os outros como pequenos.
- Para a luz, onde você pode ser visto e ver os outros.

Seja ousado para:

- Falar o que pensa em vez de ficar em silêncio.
- Identificar os lugares em que você se sente seguro para ser seu GRANDE eu. Ou transformá-los em lugares seguros o suficiente para arriscar ser GRANDE.

- Unir-se a pessoas GRANDES com quem você pode aprender e crescer.

☙

Tenha coragem de:

- Defender seus pontos de vista.
- Avaliar novas ideias.
- Cometer erros.
- Encorajar os outros a contribuir.
- Criar novos pensamentos,
    novos sonhos,
    novas possibilidades.

☙

O desafio é seu.

- Você está disposto a ser ousado e corajoso o suficiente para **viver entre GIGANTES**?
- Porque, se está, "prometo a você uma vida mais rica e excitante" – para você e para todos nós.

CONHEÇA OUTRO TÍTULO DA EDITORA SEXTANTE

A vida é bela
Dominique Glocheux

A vida não é um ensaio como no teatro. Só se vive uma vez e jamais se tem a oportunidade de repetir um momento que passou. Então é melhor aproveitar cada segundo. Descobrir os pequenos tesouros escondidos que podem tornar a vida uma experiência maravilhosa.

É a partir dessas ideias que Dominique Glocheux nos faz ver a vida de uma maneira mais otimista e inspiradora nesse livro aparentemente ingênuo, mas muito envolvente. *A vida é bela* é uma saborosa antologia que reúne 512 conselhos, máximas e pensamentos cheios de humor, amor e fantasia. Todos fundamentais para quem quer começar a viver mais intensamente e de forma mais alegre.

CONHEÇA OS CLÁSSICOS DA EDITORA SEXTANTE

1.000 lugares para conhecer antes de morrer, de Patricia Schultz

A História – A Bíblia contada como uma só história do começo ao fim, de The Zondervan Corporation

A última grande lição, de Mitch Albom

Conversando com os espíritos e *Espíritos entre nós*, de James Van Praagh

Desvendando os segredos da linguagem corporal e *Por que os homens fazem sexo e as mulheres fazem amor?*, de Allan e Barbara Pease

Enquanto o amor não vem, de Iyanla Vanzant

Faça o que tem de ser feito, de Bob Nelson

Fora de série – Outliers, de Malcolm Gladwell

Jesus, o maior psicólogo que já existiu, de Mark W. Baker

Mantenha o seu cérebro vivo, de Laurence Katz e Manning Rubin
Mil dias em Veneza, de Marlena de Blasi
Muitas vidas, muitos mestres, de Brian Weiss
Não tenha medo de ser chefe, de Bruce Tulgan
Nunca desista de seus sonhos e *Pais brilhantes, professores fascinantes*, de Augusto Cury
O monge e o executivo, de James C. Hunter
O Poder do Agora, de Eckhart Tolle
O que toda mulher inteligente deve saber, de Steven Carter e Julia Sokol
Os segredos da mente milionária, de T. Harv Ecker
Por que os homens amam as mulheres poderosas?, de Sherry Argov
Salomão, o homem mais rico que já existiu, de Steven K. Scott
Transformando suor em ouro, de Bernardinho

INFORMAÇÕES SOBRE OS PRÓXIMOS LANÇAMENTOS

Para saber mais sobre os títulos e autores
da EDITORA SEXTANTE,
visite o site www.sextante.com.br
ou siga @sextante no Twitter.
Além de informações sobre os próximos lançamentos,
você terá acesso a conteúdos exclusivos e poderá
participar de promoções e sorteios.

Se quiser receber informações por e-mail,
basta cadastrar-se diretamente no nosso site.

Para enviar seus comentários sobre este livro,
escreva para atendimento@esextante.com.br
ou mande uma mensagem para @sextante no Twitter.

Editora Sextante

Rua Voluntários da Pátria, 45 / 1.404 – Botafogo
Rio de Janeiro – RJ – 22270-000 – Brasil
Telefone: (21) 2538-4100 – Fax: (21) 2286-9244
E-mail: atendimento@esextante.com.br